La belle au bois dormant

Adaptation : Katie Daynes

Illustrations : Ben Mantle

Musique : Anthony Marks
Rédaction : Lesley Sims
Maquette : Caroline Spatz
Traduction : Nathalie Chaput

Jadis, la naissance d'une princesse fit le bonheur du roi et de la reine d'une contrée lointaine.

Les cloches carillonnèrent à travers tout le pays.

Le roi et la reine ont la joie de vous annoncer la naissance d'une petite princesse...

Des invités arrivèrent de tout le royaume pour le baptême.
Six marraines fées voletèrent au-dessus du berceau...

... et accordèrent
leurs dons à Aurore.

Mais une fée avait été oubliée sur la liste des invités.
Elle s'appelait Carabosse, et était furieuse.

Elle avança jusqu'à la reine pour manifester sa colère :
« Pourquoi ne suis-je donc pas invitée ? »

« Nous sommes désolés... commença la reine.
— Trop tard, cracha la fée. Maintenant, mon don. »

Des cris d'effroi se répercutèrent à travers la grande salle.
Dans un ricanement triomphal, Carabosse disparut.

La reine serra son enfant contre son cœur.
« Ne désespérez pas, chuchota une fée tout de mauve vêtue. Il reste mon don. »

« Quand Aurore se piquera le doigt, elle ne mourra pas, promit la fée. Vous dormirez tous cent ans, jusqu'au jour où un prince la réveillera d'un baiser.

— Merci ! » s'écria le roi, qui décréta aussitôt de bannir tous les objets pointus du château.

Le jour de ses seize ans, des guirlandes furent accrochées dans les jardins royaux afin d'y tenir une fête mémorable.

Le roi, ravi, supervisait les préparatifs. Soudain, il aperçut une vieille femme avec des aiguilles à tricoter.

« Il est interdit de... commença-t-il.

— Chut ! fit la reine. Ne gâchons pas la fête d'Aurore. »

Contre son gré,
le roi n'insista pas et le
CLIC CLAC
des aiguilles suivit le rythme
de la musique de la cour.

« Joyeux anniversaire ! » crièrent les invités à l'unisson dès que la princesse apparut.

Quatre princes élégamment vêtus, tenant une rose, attendaient leur tour. Aurore les salua avec grâce et leur accorda une danse à chacun.

Elle tourne et virevolte, grisée de bonheur.

Aurore voyait ses amis sourire, ses parents rayonner de fierté et une vieille femme filer de la laine.

« Approche », l'invita la vieille.

Sans réfléchir, Aurore prit le fuseau et se piqua le doigt. Elle vacilla, chancela et tomba, endormie.

La vieille femme enleva son manteau.
« Carabosse ! cria la reine.
— En personne », railla la méchante fée.

Le roi et la reine se précipitèrent au côté de leur fille. La fée en mauve s'y trouvait déjà.

« Elle dort, les rassura la fée.
Installez-vous confortablement, vous n'allez
pas tarder à sombrer dans le sommeil. »

La fée en mauve agita sa baguette.
Des rosiers grimpants recouvrirent
les murs du château. Le silence se fit.

Cent ans passèrent. Un jour...

des chasseurs royaux arrivèrent dans une clairière.

« Ne m'attendez pas », soupira un jeune prince. Il s'appelait Florimond, et en avait assez des jeux et des chasses. Il espérait autre chose de la vie.

« Florimond ! » souffla une voix douce.

Le prince, étonné, chercha des yeux qui l'appelait. Une fée vêtue de mauve voleta près de lui. Elle agita sa baguette et une vision s'imposa au prince.

Quand la mystérieuse princesse disparut, Florimond se sentit tout triste.

« Où puis-je la trouver ? supplia-t-il.

— Suis-moi », répondit la fée. Elle le guida jusqu'à un lac embrumé, éclairé par la lune. Là, une embarcation attendait. Ils glissèrent à travers une forêt oubliée depuis longtemps.

Enfin, une tourelle émergea.
« La princesse t'attend dans la tour. Toi seul peux la sauver, murmura la fée.

— Jamais ! » grinça un vieil arbre tordu sur la berge. Ses branches s'étirèrent...

... et se changèrent en la méchante Carabosse.

Carabosse dirigea sa baguette vers le prince, mais la fée en mauve la lui arracha vivement des mains. Impuissante, Carabosse s'éclipsa dans le sous-bois.

Alors, armé de son épée, le prince Florimond se fraya un passage parmi les ronces enchevêtrées.

Il poussa les portes rouillées du château et, lentement, elles s'ouvrirent.

La cour était étrangement calme. Des gardes
et des servantes somnolaient un peu partout.

Le prince se hâta en haut de l’escalier
en spirale. Il ne pensait qu’à la belle
princesse endormie. Soudain, il la vit.

« Je rêve ? » se dit Florimond, en se penchant pour l’embrasser.
Aurore ouvrit les yeux : « Mon prince ! » murmura-t-elle.

En cet instant magique, ils tombèrent amoureux.

Ils coururent l'annoncer au roi et à la reine, qui ne pouvaient être plus heureux. Le mauvais sort jeté par Carabosse était brisé ; un mariage princier se préparait.

Les fées et des personnages de contes assistèrent
à la cérémonie du siècle.

Le Chat botté, accompagné d'une jolie chatte blanche, y bondit.

Un oiseau bleu et une princesse y firent une apparition.

Même le petit chaperon rouge et un loup joueur s'y présentèrent.

Florimond mena Aurore sur la piste de danse, où ils tourbillonnèrent dans les bras l'un de l'autre.

Voletant dans les airs, la fée en mauve fit un souhait — qu'ils vivent heureux le restant de leurs jours.

Le ballet de La belle au bois dormant a été présenté pour la première fois en 1890 sur une musique du compositeur russe Piotr Ilitch Tchaïkovski.